Rig Veda

Hinduistisk Pantheon-serie (Dansk), Volume 3

Kiran Atma

Published by Ponapan Publications, 2024.

While every precaution has been taken in the preparation of this book, the publisher assumes no responsibility for errors or omissions, or for damages resulting from the use of the information contained herein.

RIG VEDA

First edition. August 13, 2024.

ISBN: 979-8227837318

Written by Kiran Atma.

Indhold

DEDIKATION

———

Denne bog er dedikeret til religionsfrihed og trosfrihed, et begreb, der beskytter en persons eller et samfunds ret til at demonstrere religion eller tro gennem undervisning, praksis, tilbedelse og overholdelse, hvad enten det er offentligt eller privat.

———

"Dette er krisen for de himmelkyssende tinder, hvis strømme vil give næring til fremtidige generationer."

- Swamiji Rama Tirtha

———

"Gudernes storhed blev etableret af vores forfædre. De satte ånden i guderne som det guddommelige.

De absorberede alle dominerende kræfter, forvandlede dem til blændende væsener og smeltede dem igen sammen med deres eget selv.

———

De gik over alle riger med deres triumferende kraft og målte i sig selv de oprindelige uudgrundelige regler.

De rummede alle verdener i sig selv og udgød deres
afkom på mange forskellige måder."

- Rig Veda X .56A -5

"Dette er en hyldest til de gamle seere, som skabte
denne sti."

- Rig Veda X A 4-15

INTRODUKTION

Mange anser Rig Veda for at være verdens ældste tekst. Det er den bedst bevarede af al gammel litteratur og vores mest ægte optegnelse af den gamle verdens sprog. Selv de oprindelige accenter og udtaler er bevaret. Fordi vi har så lidt fra fortiden at støtte os til, er Rig Veda vores mest direkte kontakt med vores forfædre.

Rig Veda indeholder poesi, folklore, mytologi, ritualer, gammel videnskab og kultur og, vigtigst af alt, gammel religion, yoga og spiritualitet. Den indeholder meget af skønheden og den enkle glæde ved at leve i forbindelse med naturen, som det fremgår af dens hymner til morgenens skønhed. Den indeholder også meget, der er kryptisk, spændende og mærkeligt, og som udtrykker sindets dybe og oprindelige side. Det moderne menneske har mistet forbindelsen til den guddommelige verden, som det har svært ved at forstå, hvis ikke det er ubehageligt.

Rig Veda stiller os over for mange problemer, men den giver også adgang til en del af vores natur, som vi kan have brug for at interagere med for at forstå, hvem vi er. Rig Veda indeholder mange af de samme dybe fortællinger og arketypiske billeder af mennesket og naturen, som mange af os undersøger i dag inden for psykologi, antropologi, shamanisme og yogatraditioner som tantra. Den er derfor relevant for at forstå vores indre psyke og forbinde os med vores ældgamle rødder.

For at komme videre må vi bevare en stærk forbindelse til vores rødder. Måske er det vores manglende kontakt med vores oprindelige ånd, der har ført os til dette punkt. At vende tilbage til den kan give en stor del af den nødvendige kur. Mens det gamle Egypten gav os pyramiderne, gav det gamle Indien os Vedaerne eller de mentale pyramider.

Meget af Rig Vedas sprog og symbolik afspejler den samme dybe tænkning som det gamle Egypten. Den skildrer en verden med store guder og djævle, et liv fuld af det hellige, det sublime og det skræmmende, hvor mennesket kun er et felt for mærkelige kosmiske kræfter, som ofte ligger uden for dets forståelse, men ikke uden for dets indre eksistens.

Intet er, som det ser ud til, eller som det fremgår på overfladen i dette hellige domæne. Undervisningen er ofte skjult for den ydre bevidsthed med vilje. De gamle forsøgte ikke at omvende folk til deres tro. De mente, at sandheden skulle opnås gennem vores egne personlige erfaringer og direkte observationer. De valgte at beskytte sandheden ved at sikre, at kun de, der var åbne over for den, havde adgang til dens veje.

Rig Veda, som er en optegnelse over Indiens og Himalaya-regionens gamle mysteriereligion, har mange af den slags mysterier. Det kræver ikke bare tålmodighed, men også betydelig subtilitet og følsomhed i sind og sprog at opdage dem.

Rig Veda er den ældste tekst i Indien, et land, hvor religion og spiritualitet har været højt værdsat i umindelige tider. Derfor giver den mange nøgler til rødderne af alle Indiens vigtigste læresætninger.

Vedaen er kendt som "Shruti" eller åbenbaring eller skrift, som værker som Upanishaderne og Bhagavad Gita, der er bredt anerkendt for deres intellektuelle og åndelige dybde, var et sent tillæg til. Hinduerne betragter Rig Veda som verdens ældste litteratur og grundlaget for al menneskelig kultur. Selv de af os, der er uenige i denne vurdering, skal være forsigtige med at fælde dom over en doktrin, der betragtes som så gammel og vital af et så bredt og åndeligt udviklet segment af menneskeheden.

Mange moderne indiske mestre og yogier, storslåede selvrealiserede og gudsrealiserede individer, har vidnet om dens dybde og anciennitet. For at nævne nogle få er det Paramahansa Yogananda og hans guru Sri Yukteswar, Swami Vivekananda, Swami Rama Tirtha, Sri Aurobindo og Ganapati Muni.

Rig Veda er kildebogen til sanskritsproget, verdens ældste og mest kontinuerligt anvendte sprog, som omfatter verdens måske største litteratur, især på det åndelige område. De primære skrifter i både hinduistisk og buddhistisk lære er skrevet på dette sprog. Sanskrit er et af de mest videnskabelige og etymologisk sammenhængende sprog.

Studiet af sanskrit har påvirket meget af den moderne lingvistik. Sanskrit er især vigtigt, fordi det er det ældste af de indoeuropæiske sprog og afslører meget om deres oprindelse. De fleste europæiske, iranske og centralasiatiske sprog samt de nordindiske sprog er eksempler på sådanne sprog.

Zoroasters (Zarathustras) gamle persiske religion er beskrevet på et sprog, der ligner Rig Veda7, og den deler mange guder og traditioner. Meget af det, der senere blev til jødedom, kristendom og islam, har forbindelser til zoroastrismen og dermed indirekte til Vedaen; som sådan er Rig Vedaen måske den vigtigste tekst for global religion.

Rig Veda demonstrerer en meget tidlig type indoeuropæisk sprog og samfund. Mange græske, romerske, germanske, keltiske eller slaviske guder samt relaterede kulturelle aktiviteter kan findes i den i en ældre eller alternativ form. I denne optik kan vi betragte Rig Veda som vores europæiske forfædres tidligste bog eller tekst, skrevet år eller årtusinder før kristendommens ankomst.

Derfor er en korrekt viden om og forståelse af Rig Veda et af de vigtigste emner i den globale akademiske verden og i menneskets historie i dag. Den vediske religion, med Rig Veda som det tidligste skrift, var kendt som "Arya Dharma" eller "arisk lære".

Buddha kaldte også sin religion for Arya Dharma. Zoroaster fra Persien omtalte sin lære som arisk. Derfor har Arya Dharma gennem hele menneskehedens historie været den mest udbredte og praktiserede religion.

Størstedelen af nutidens Rig Veda-oversættelser og -fortolkninger blev skabt af europæiske akademikere i det 19. århundrede. Deres arbejde afspejler ofte deres tids fordomme: imperialisme, forbrugerisme og den kristne missionsiver, tilbøjeligheden til at se ned på Asien og dets kultur som mindreværdig og endda give hinduismens og buddhismens spirituelle traditioner skylden for disse landes politiske sammenbrud. Sådanne forfattere var afvisende over for det åndelige liv samt yoga og meditation.

Selv deres psykologiske eller sociologiske opfattelser er forældede eller skæve i forhold til mere moderne standarder. Deres fortolkninger af sådanne gamle skrifter er ret kortfattede. De afspejler ofte grundlæggende politiske opfattelser, såsom konflikter mellem lys- og mørkhudede mennesker, for at forklare den vediske kamp mellem lys og mørke, eller sandhed og bedrag, i den menneskelige ånd, som alle trosretninger vidner om. De siger kun lidt eller intet om yoga, meditation, mantra eller det kosmiske formål med ritualer, på trods af at det er de vigtigste emner i Vedaerne.

Desværre bruges disse tekster fra det nittende århundrede stadig, og vores historiske og filosofiske forståelse af Rig Veda er stadig afhængig af deres snævre perspektiver. Hvis Rig Veda er en spirituel optegnelse, kan den ikke fortolkes af en fortolker, der mangler spirituel sensibilitet. For at analysere en genstand må vi være følsomme over for dens natur. Et fremragende kunstværk bedømmes ikke af en kemiker.

Derfor skal vi ikke sætte vores lid til, at intellektuelle forskere hjælper os med at forstå den gamle verdens mysteriereligioner. Vi bør ikke blive chokerede, hvis de ikke værdsætter eller endda nedgør dem. De samme moderne eksperter placerer Rig Veda ca. 1500 f.Kr. Det er den periode, hvor det vediske folk, eller arierne, siges at være ankommet til Indien, og Rig Veda skildrer karakteristika ved det indiske land og klima.

Vediske guder som Indra optræder dog i en pagt fra 1500 f.Kr. mellem to indo-iranske folk, hittitterne i Anatolien (nu Tyrkiet) og Mitanni i Syrien, som begge ligger langt fra Indien. Da disse guder ikke kan være blevet skabt pludseligt, må de have eksisteret i mange årtusinder før denne periode.

Derfor hævder nogle akademikere, at guderne i Rig Veda kan have eksisteret så tidligt som 2000-3000 f.Kr. men måske ikke i Indien. Man har opdaget en gammel civilisation i Indien", den såkaldte "Indus Valley"-kultur eller "Harappa og Mohenjodaro" fra dens to hovedbyer; den dateres generelt til omkring 2600-1800 f.Kr.

Man har nu fundet ud af, at den strakte sig fra Irans kyst gennem Gujarat i Indien og østpå forbi Delhi og Ganges, hvilket gjorde den til den største civilisation i den antikke verden på det tidspunkt og dækkede et større område end hele den egyptisk-mesopotamiske kulturbase tilsammen.

De fleste moderne akademikere mener, at den er præ-vedisk eller ikke-arisk, men dens sprog er endnu ikke blevet fuldstændig afkodet. Mange indiske akademikere såvel som nogle få i Vesten har bestridt dette synspunkt. De påpeger for eksempel tilstedeværelsen af adskillige ildaltre, vandtanke, rituelle ofringer og andre komponenter i den vediske religion samt vediske symboler som hagekorset, der er fundet på mange steder i Indus-dalen, og som indikerer en arisk indflydelse.

Den såkaldte Indus-civilisation blev hovedsageligt opdaget langs de nu udtørrede bredder af Sarasvati-floden, som anses for at være den primære flod i den rig-vediske civilisation, mellem Yamuna og Sutlej.

Det ser dog ud til, at Sarasvati vil løbe tør for vand, inden Indus-civilisationen slutter. Det ville også betyde, at Indus-civilisationen var vedisk eller arisk af natur.

Hvorfor skulle det vediske folk ære en udtørret flod som kilden til deres kultur, hvis de aldrig havde levet på dens bredder, mens den flød?

I begyndelsen af 1980'erne blev der opdaget et vigtigt nyt arkæologisk sted i Indien, i Dwaraka, Krishnas sagnomspundne by.

Ifølge en Mahabharata-fortælling blev Dwaraka oversvømmet af havet kort efter Krishnas død. Det blev anset for at være en storslået metafor, en del af en fortælling fuld af store myter. Det er nu blevet fastslået, at hele den vestlige indiske kyst sank med omkring seks meter omkring 1500 f.Kr. Resterne af en massiv stenhavn, en af de største i den antikke verden, er blevet opdaget nær den formodede placering af Krishnas by.

Dwaraka-stedet har afsløret overgangsbogstaver mellem Indus-dalens skrift og Brahmi-alfabetet, som i oldtiden blev brugt til de ariske sprog i Nordindien. Dwaraka viser også handelsvarer fra denne periode i Mesopotamien, fra de indoeuropæiske kassitter, som dominerede Babylonien. Dwaraka blev opdaget omkring 1500 f.Kr. ifølge videnskabelige beviser. Dette sted viser, at arierne i 1500 f.Kr. ikke kun var ankommet til Indien, men også havde nået havet, opført enorme stenbyer, deltaget i søhandel og udviklet et skriftsprog.

Det viser en betydeligt højere grad af civilisation på et langt tidligere tidspunkt, end moderne vestlige historikere havde troet. Byer og et skriftligt manuskript for arierne blev anset for at være begyndt omkring 900 f.Kr. Dette skulle flyttes mindst tusind år tilbage. Dwaraka-stedet viser, at civilisationen i Indusdalen enten indeholdt eller var et arisk samfund.

Arierne kunne ikke have nået havet uden først at have passeret gennem Indus-dalens civilisation, som blomstrede på det tidspunkt. Sådanne opdagelser peger på Rig Vedas oldtid. Krishna dukkede op nær afslutningen af den vediske æra, ifølge gamle indiske historiske optegnelser i Puranaerne. Mange monarker og dynastier har eksisteret før ham.

Rig Veda var ret gammel på hans tid, en enorm oldtid, som kun få kendte til. Hvis det er sandt, må Rig Veda være væsentligt ældre end 1500 f.Kr. og måske årtusinder.

Ifølge nogle hinduistiske akademikeres teorier kan Rig Veda dateres tilbage til 4000 eller 6000 f.Kr. Dette er baseret på henvisninger til astronomiske placeringer i forskellige perioder som grundlag for de vediske kalendere. Det svarer til den vediske skildring af Sarasvati som Indiens største flod, hvilket den var i meget tidlig oldtid. Derfor er Rig Veda måske verdens ældste bog. Den giver måske vores mest nøjagtige perspektiv på den gamle spirituelle civilisation, der engang regerede verden. Hvis det er sandt, må hele vores forståelse af den gamle verden og civilisationens begyndelse ændres. Vi lærer af den, at der fandtes en arisk civilisation i Indien, som var lige så gammel og kompleks som dem, man finder i Mellemøsten og Egypten. Det tyder på, at vores ariske forgængere ikke var så vilde eller uåndelige, som vi ville tro.

Arierne var måske ikke sene immigranter til den gamle civiliserede verden, men var der snarere fra begyndelsen. Det stemmer overens med resultaterne fra moderne vestlige forskere som Colin Renfrew, der hævder, at arierne var de første til at indføre landbrug i Europa ca. 6000 f.Kr.

Det kan betyde, at det ariske Indien er oprindelsen til og udbredelsen af alle indoeuropæiske folkeslag, sprog og civilisationer. Hvis det er korrekt, bør vi tage til Indien for at finde vores egen kulturelle begyndelse og oprindelsen til den menneskelige civilisation som helhed, snarere end til Mellemøsten.

Derfor har den nye læsning af Rig Veda, som tilbydes her, en unik betydning. Det er meningen, at den skal indvarsle en ny tidsalder med åndeligt følsom udforskning af vedisk og anden gammel lære. I lyset af nutidens nye forståelse af yoga og meditation er det hensigten at indlede en ny periode med studier af sådanne lærdomme som Rig Veda og en helt ny metode til at studere den gamle verden.

Derfor er det ikke bare endnu en gengivelse af Rig Veda. Det er Rig Veda set gennem bevidsthedens øjne, ikke som dissekeret af et intellektuelt sind. Det er et forsøg på at genoplive Rig Veda og gøre den relevant for nutiden i stedet for bare at præsentere et halvkonserveret artefakt for vores nysgerrighed.

Det gamle og det moderne menneske er måske ikke så forskellige, som vi tror. Det er helt sikkert, at vores gamle forfædre stadig kan findes i dybden af vores hjerne. De åndelige, religiøse og okkulte aspekter af oldtidens samfund er lige så meget en del af vores menneskelighed som de materialistiske, tekniske og videnskabelige aspekter af nutidens kultur. Vi kan kun antage, at eftersom denne indre side er dybere og ældre, vil den komme op igen."

Nu, hvor vi har nået grænserne for vækst i den materielle verden, vender mange af os os indad igen. Sådanne gamle sandheder er ikke kun nyttige i denne genoplivede søgen efter den åndelige mening med livet, men de lærer os også, at denne søgen er selve essensen af vores virkelige natur i livet og nøglen til vores mission på jorden.

RIG VEDA

R ig Veda hævdes at være den oprindelige bog med mantraer fra de gamle seere og vismænd i Himalaya, som etablerede sandhedens veje for menneskeheden for mange tusinde år siden, ved afslutningen af den sidste istid.

Den dannede grundlaget for hele den gamle hinduistiske civilisation, en levende mundtlig arv af hymner, sange, myter, legender, ritualer, filosofi og yoga, alt sammen flettet sammen i et mantrisk sprog med flere betydningslag. Det var ikke kun yogasystemer, der udsprang af det, men også gamle indiske discipliner som matematik, astrologi og ayurveda (medicin).

Mange gamle indiske forfattere, inklusive dem, der skabte de første love og den sociale orden, brugte og citerede Rig Veda. Selv forfattere, dansere og musikere reflekterede over den. Dens mantraer synges stadig ved de fleste betydningsfulde ritualer og sakramenter, der udføres i Indien.

Derfor er den stadig kernen i den moderne hinduisme, som har udviklet sig på forskellige måder ud fra den. I tusindvis af år blev Rig Veda overleveret mundtligt efter bestemte rytmer og mønstre, som følges den dag i dag. Den var den hinduistiske kulturs store kilde, den ledende tekst i dens ældste periode, dens legendariske guldalder af åndelig civilisation, som de følgende århundreder så tilbage på med undren og tilbedelse. Den indeholder de oprindelige hymner fra mange af Indiens mest berømte og legendariske vismænd, såsom Vasishta og

Vishwamitra, fra hvem mange efterfølgende lærdomme udsprang. Disse vismænd var lige så kendte som Buddha eller Krishna i senere tider og langt før dem.

Rig Veda er ikke kun interessant i forhold til indisk spiritualitet. Som den tidligste bog på et indoeuropæisk sprog har den en særlig betydning for den vestlige civilisation.

Vores europæiske forfædre talte ikke kun et lignende sprog, men de havde også mange kulturelle og teologiske ligheder med det vediske folk. For eksempel svarer den berømte græske solgud Apollon til den vediske solgud Savitar, som det vediske folk hylder, når solen står op og går ned.

Derfor symboliserer Rig Veda den vestlige civilisations oprindelse og er måske dens oprindelige skrift. Den afslører et spirituelt potentiale, som vores vestlige samfund ikke har opnået fuldt ud.

At se tilbage på Rig Veda er derfor at se tilbage på vores egne tabte forfædre og afsløre et andet kulturelt potentiale, vi har. At gå ind i Rig Veda er en rejse ind i civilisationens åndelige begyndelse. Det giver de gamle mulighed for at tale direkte til os og dele deres perspektiver på virkeligheden. Det er ekstremt forskelligt fra vores opfattelse af, hvem de gamle var, og hvad de opnåede i forhold til vores forventninger.

De gamle talte med deres egen stemme og sprog via Rig Veda. Ved at åbne os for den kan vi måske overskride tid og kultur og opleve de gamle seeres dybe undren og glæde igen. Vi kan føle romantikken og mystikken fra en tidligere åndelig menneskehed, som vi er faldet fra i stedet for at udvikle os.

Vores materielle fremskridt afspejler et åndeligt kollaps, et stigende tab af følelsen af kosmisk væren i livet, verdens majestæt, der flyder over i forbløffelse overalt, som de gamle følte, og som vi nu må vende tilbage til for at kunne leve som en art.

Jeg betragter ikke de gamle seeres hymner i Indien på den måde, som vi traditionelt har fortolket dem: at de var obskure magiske besværgelser og ritualer med lidt ægte poesi iblandet fra en meget lokal og primitiv gammel kultur, der slet ikke var avanceret nok til at blive kaldt en ægte civilisation.

De er efter min mening den mest omfattende og ophøjede spirituelle undervisning, verden nogensinde har hørt - optegnelser fra utallige oplyste seere fra en tidligere og mere spirituel periode, der overgår vores egen med hensyn til kosmisk bevidsthed.

Det er de mytologiske, oprindelige vismænds sange, som alle gamle kulturer fra Mexico til Egypten, Indien og Kina tilskriver den sande fødsel af deres civilisationer. Vi skal nærme os de vediske sange fra et poetisk, mystisk og spirituelt perspektiv, snarere end gennem nutidens materialistiske sind, som mangler grundlaget for at forstå den vediske tænkning.

De, der er modtagelige for højere intuitiv viden, som strømmer via mantraer, symboler, myter og arketyper, vil kunne deltage. Rig Veda er den store samling af mantraer, der ligger til grund for den gamle indiske mystik og fungerede som fundament for sanskritsproget. Den er skrevet, eller rettere sagt sagt, sagt på et rent mantrisk sprog, et arketypisk protosprog af lyd-symbol-ideer med mange betydningslag.

Det er et sprog, der passer bedre til et højere bevidsthedsniveau end det logiske sind, et sprog, vi møder via kunst, drømme, kreativ indsigt og meditation. Dette åndelige sprog ser alt som et udtryk for det guddommelige ord og ser alt som en manifestation af den store helhed.

Denne evne gjorde det muligt for de gamle at se arketypiske repræsentationer af hele verden, vores egen psykes evner og nøgler til overgangen fra dødelighed til udødelighed i grundlæggende naturfænomener som ild, vind, sol, koen, tyren eller hesten.

Men det moderne sind, som ikke finder udvikling i enhed med livet, men i dominans over det, brugte denne følelse af en enorm sandhed i det grundlæggende og organiske, som kun kan opnås via en stor følsomhed over for livet. Vejen i denne bog går tilbage til den mere grundlæggende og ubetingede vision, der afslører alle tings kosmiske natur.

DEN GYLDNE TIDSALDER

Alle gamle civilisationer mindes en mytologisk guldalder, en tid med dyb indre bevidsthed og enkel ydre eksistens, hvor menneskeheden levede i gudernes nærvær. Denne historie findes overalt, fra klassisk latinsk og græsk litteratur til Bibelen og den mytologiske arv fra det gamle Mellemøsten, Egypten, Assyrien, Babylonien og Sumerien, til Persien og Indien, til Kina og endda Mexico og de amerikanske indianerkulturer. Det er vigtigt for alle gamle skrifter, herunder Bibelen, Zend Avesta fra Persien, de hinduistiske vedaer, Lao Tzu og Ching fra Kina.

De gamle vender sig mod denne tidligere tidsalder for at finde retning, som grundlaget for deres kultur, regler og skikke. Selv de tidligste civilisationer, vi kender til, Egypten og Sumerien, taler om deres kulturer som værende tusinder af år gamle, og de går tusinder af år tilbage, før civilisationen startede.

De tidlige civilisationer, vi kender til, præsenterer ikke sig selv som originale kulturer, en ny æra, men ser i stedet tilbage på lange tidsaldre før dem og betragter deres kulturer som ældgamle og døende.

Ifølge moderne kilder er alt dette fiktion - men det er svært at tro, at de gamle blev så vildledt om begyndelsen på deres eget samfund, at de kunne opbygge en civilisation, mens de troede, at den havde eksisteret på et langt højere niveau før dem.

Den hinduistiske spirituelle tradition taler, ligesom andre i den gamle verden, om fire store civilisationsårhundreder: Satya, Tfeta, Dwapara og Kali Yugas (guld-, sølv-, bronze- og jernalderen). De mener, at deres civilisation har overlevet alle fire århundreder, og at den åndelige lære fra hver periode er blevet opretholdt. Rig Veda siges at stamme fra disse ældgamle tider. Deres præcise periode eller varighed er dog omdiskuteret.

Den dystre jernalder, eller Kali Yuga, blev opfattet som værende startet før Buddhas tid, og de ældre tidsaldre var længere. Uanset om denne guldalder var mytologisk eller virkelig, forbliver den baggrunden for hymnerne, det store symbol, de fremkalder, og den sammenhæng, de forstås i. Under alle omstændigheder fremkalder vi her Rig Vedas emblem og ambition, ideen om den gyldne tidsalder.

Det er ideen om en åndelig menneskehed, der lever en beskeden tilværelse og bruger sine kræfter på at tilbede det guddommelige i stedet for at stræbe efter flygtige penge, berømmelse, nydelse og magt.

Det er menneskeheden, der lever i et kosmisk perspektiv med respekt for det guddommelige, der gennemsyrer al eksistens. Hver dag hyldes den opgående sol med mystisk sang som det synlige billede på oplysningens Guddom. Det er hele livet som en spontan tilbedelseshandling fra hjertet til det væsen i hjertet, som er overalt.

Det er sandhedens milde lys, der oplyser skabelsen, og det menneskelige samfund styres af seende mænd, vismænd, der ordner alle ting i overensstemmelse med deres natur, som ikke styrer efter et strengt mønster, men efter et princip om kreativ frihed for alle. Det er en tid, hvor mennesker lever i overensstemmelse med Guds vilje.

Dette indebærer ikke en periode, hvor alle er oplyste, men hvor folks indre og ydre tilstand stemmer overens; hvor konger virkelig er ædle, præster virkelig er spirituelle, og masserne er lydige over for visdommens mænds autoritet.

Selv om vi måske ikke tror, at en sådan æra nogensinde har fundet sted eller overhovedet er mulig, er det kun et udtryk for vores egen afstand til den, vores egen mangel på forståelse af vores historie eller fremtid og dermed af vores nutid.

Vi forsøger at genoplive den længsel her, ambitionen om en åndelig menneskehed, et samfund, der igen er bygget på højere viden. Det er ikke for at hylde en undertrykkende præsteelite, som bare er forretningsmænd eller politikere i forklædning, men for at ære ægte seere og vismænd igen.

Det betyder, at vi som mennesker skal prioritere synets tilstand i vores liv, at vi skal værdsætte selve væren frem for vores egen personlige eller fælles tilblivelse.

Den gyldne periode, vores ægte ideal, er perioden med selverkendelsens solskin, som nogle få individer altid må legemliggøre, for at der overhovedet kan være nogen verden. Hvis der skal være en periode med lys for menneskeheden, må vi vende tilbage til sådanne åndelige principper - en civilisation, der er baseret på det kosmiske, det grænseløse og det evige.

OPLYSNINGENS BEGYNDELSE

De gamle tilbad det, vi kalder guder, men som i virkeligheden er lysets principper. Det er ikke lys som en ydre kraft, men det lysende princip, som er selve bevidstheden. At tilbede guderne betyder at legemliggøre oplysningens energier og principper i vores egen tænkning og adfærd, i overensstemmelse med dem. Det kræver, at vi anerkender den hellige enhed i alt liv.

De gamle lyssymboler er oplysningssymboler, der arbejder for at trække det skjulte guddommelige lys frem fra dybet af vores sind.

Solen repræsenterer det oplyste sind, det lyse sind, der er fri af ubevidsthedens og egoismens mørke. Daggryet er et tegn på vågen oplysning. Guderne var ikke billeder, men snarere lysformer og sandhedsregler.

I overensstemmelse med deres opfattelse af lyset i den indre verden tilbad de gamle lyset i den ydre verden. De opfattede lysene i det ydre som udtryk for det indre lys. Deres tro var en lys-tro.

Men det var ikke en religion som vores i dag, der tilbeder det guddommelige som noget uden for os selv og i bund og grund adskilt fra vores liv. Det var en lysforvandlingsreligion, en symbolsk meditationsreligion. Lyset befandt sig i hjertet. Hans sol var åndens lys hinsides og uden for vores betingede ideer og følelser, ikke lyset i vores eget hjerte. Den ydre sol var blot en visuel repræsentation, en påmindelse om hjertets indre sol, hvor hele kosmos, hele skabelsen, eksisterede i en tilstand af enhed.

De gamle seeres opgave var at finde solen, rense den og lade den stige op i vores hjerter og oplyse psykens mørke, vores indre nat af uvidenhed og egoisme. De ville have samværets solskin, ikke en gud for overtro og adskillelse.

Det var ikke kun menneskets enhed med mennesket, som i sig selv er umulig, eller menneskets forening med naturen, som i sig selv er et tilbageskridt.

Det var foreningen af vores essens i bevidstheden om det guddommelige selv, Guddommen, hvor der er enhed med alt. Det var den tankefri bevidstheds enhed, som ser alle navne og former som skuespil af et enkelt sandhedslys.

Denne solopgangsreligion, ofte kendt som lysets religion, var den gamle verdens verdensomspændende religion. Den kan findes i alle oldtidens samfund og deres store soldyrkelseskulter.

Den findes i Egypten, Sumerien, Babylonien og Assyrien, i Indien og Persien og i de amerikanske indianeres tro. Den blev brugt af skytherne i Centralasien og af vores egne europæiske forfædre før kristendommen.

Det findes også i kristendommen, hvor frelseren fødes ved vintersolhverv, ligesom solen, og er den guddommelige søn, ligesom solen, der ofres, dør og genfødes for at forløse alle skabninger. Kristus var den sidste i en lang række af solopstandelses-, medfølelses- og oplysningshelte, som herskede i det gamle Mellemøsten.

Denne følelse af det guddommelige, af mystik, storhed og ærbødighed, som vi ser i de monumentale og hieratiske kulturer i den gamle verden, stammer fra den oprindelige solreligion, offerreligionen, hvor alt liv er et offer, en gave fra hver til alle og alle til alle, og det sollys af oplysning, som vi finder i Buddhas lære, der proklamerede den ariske religion, religionen af ædel visdom og sollysopfattelse, hvor alt er ét.

I Upanishaderne er denne sol forankret som Selvet i hjertet af alle skabninger. De gamle læresætninger omtaler sig selv som hentet fra Solen, som mange stråler eller udstrålinger fra sandhedens Sol. De gamle skrifter, som alle trosretninger bygger på, er stråler fra denne sol, den indre belysning af sandhedssyn, hvor alle grænser mellem væsener opløses. Fordi lys er livets oprindelige sprog, er solreligionens symbolik tidløs.

I en intuitiv oversættelse afspejler den alle skabningers erfaringer. Vi forstår måske ikke vores separate og kulturelt betingede normer, men vi forstår alle, hvad lys og mørke, liv og død, viden og uvidenhed indebærer. Denne lysende symbolik ligger til grund for al poesi, mytologi, symbolik og alkymi. Den styrer både den indre psykologiske verden og naturens ydre sfære.

Derfor kan vi kalde det det globale sprog, da solen repræsenterer det psyko-kosmiske princip om liv, lys og bevidsthed snarere end en specifik stjerne. Det, vi møder i Vedaerne, er derfor den gamle verdens ursprog og vores egen kosmiske væren; ikke et kulturelt budskab, men vores egen solsjæls ubetingede lyssang.

SEERNE

Denne sagnomspundne spirituelle guldalderkultur i Indien kaldte sig selv "arisk", og det er herfra, at ordet "arisk" stammer. Arisk refererede oprindeligt til personer med en ædel karakter, indre principper, integritet og ærlighed samt selvkendskabens ædelhed. Selv Buddha (som kritiserede meget af den vediske religion, som på hans tid var blevet degraderet fra sit åndelige grundlag) kaldte sin religion for arisk (Arya Dharana), sin viden for arisk (Arya Prajna) og sin vej for arisk.

Denne oprindelige opfattelse af arisk har ingen lighed med den germanske definition af ordet, som blev brugt af europæiske forskere i det 19. århundrede og yderligere forvrænget af nazisterne. Arier er et begreb, der bruges til at beskrive en højere åndelig menneskelighed, der bygger på idealer som ærlighed, generøsitet, selvopofrelse og en følelse af enhed og universalitet.

Det er beklageligt, at den er blevet nedværdiget, og at den er blevet påtvunget disse ubehagelige og upassende forbindelser, som i virkeligheden er uværdige, uåndelige og uariske.

Men som Vedaerne forklarer, er det ofte sådan, verden ser ud, hvor onde kræfter påtager sig og misbruger lysets evner og titler. Seeren og vismanden er de største mennesketyper i den ariske civilisation og fungerer som kulturbærere og vejledere.

Mænd med åndelig visdom, de oplyste og oplyste, som levede i kosmisk bevidsthed, styrede den ariske kultur.

Det ariske samfunds principper blev etableret hierarkisk for at lede alle mennesker til at blive seere. Materielle og kommercielle værdier blev betragtet som mindreværdige og blev strengt kontrolleret. Tilbedelsen af det guddommelige var den primære værdi i den ariske kultur, både åbenlyst og rituelt for de uuddannede og internt i meditation for de oplyste.

Den ariske seer er en mand af højere orden, en mand med åndelig visdom som Buddha eller Kristus. Sådanne seere var ikke usædvanlige mennesker uden for det daværende samfund, men snarere det højeste niveau i samfundet, hvis position blev anerkendt og æret af civilisationen som helhed.

Disse seere legemliggjorde en kærlighed til sandheden, en fri og åben kreativitet og et stærkt ønske om liv og bevidsthed. De var på størrelse med enorme bjerge og bevægede sig som enorme floder. Deres opfattelsesevne strakte sig over alle niveauer af kosmisk eksistens. Deres kreative drivkraft viste sig i en række forskellige universer. Men de var lige så føjelige og nyttige som en ko og lige så upartisk gavnlige som solen. De forblev lige så beskedne som jorden og forestillede sig den største himmel.

På trods af deres viden om det sublime hinsides kunne de stadig nyde livets beskedne glæder her og nu. De var individer med en dyb enkelhed og et bredt intellekt, og derfor bliver deres sange ofte for mange og mystiske i deres betydning til, at vi kan forstå dem. De var vores åndelige forfædre, civilisationens arkitekter, og så længe civilisationen holdt sig til deres indre og åndelige principper, herskede der ægte harmoni på jorden.

På andre måder er de vediske hymner bare en teknik til at

præsentere os for vores seende forfædre, så vi kan forstå den åndelige menneskehedsarv, som vi også bærer på.

Vores egentlige menneskelige arv omfatter mere end blot blodsudgydelse og sorg. Seerne og deres store meditationer er roden til vores civilisation. Når vi anerkender dem igen, kan vi vække deres kraft i os og blive ægte mennesker, mennesker med kosmisk bevidsthed, snarere end dyr eller ukontrollerede robotter.

En ægte forståelse af den gamle civilisation afslører disse seeres arbejde, og en ægte fremtidsvision afslører deres genopståen.

Vores nuværende opfattelse af mennesket som et rent fysisk væsen med udelukkende materielle motiver, samt vores opfattelse af historien som væksten af materielle redskaber og evner, er forkert og nedværdigende.

Vores ægte og oprindelige menneskelige arv er som seere, kosmiske væsener med åndelig bevidsthed, som vi har forvildet os væk fra.

En god forståelse af Rig Veda genopretter vores oprindelige og højere arv og giver os evnen til at se tilbage, hvorved vi alene kan opnå vores potentiale, en tilstand, der er mere behagelig og vis end noget, den moderne civilisation endnu har kunnet forestille sig.

Denne bog er skabt for at vække den ariske seer i os, for at opmuntre vores egentlige ædle karakter og evne til at forstå sandheden. Det er ikke af rent kulturelle eller intellektuelle grunde, men for at genskabe forbindelsen til de ældgamle åndelige energier, som engang udøvede en enorm magt på Jorden, og som nu igen er nødvendige for, at vi kan udholde denne hårde overgangsfase for racen.

DE RIG-VEDISKE GUDER

Begrebet guder fremkalder specifikke følelser i os. På den ene side oplever vi noget gådefuldt, ukendt og oprindeligt, en følelse af oprindeligt liv, den kosmiske eksistens' mystiske ansigter.

I modsætning hertil betragter vi afguder og billeder, overtro, feticher og primitive ofringer. Det er derfor vigtigt at afdække, hvad de gamle egentlig mente med deres guder. Først og fremmest er de antikke guder ikke præcist defineret. De er ikke idoler eller billeder, der er uafhængige af hinanden.

Bortset fra den poetiske betydning er udtrykket "Gud" bedre oversat som "guddommelig". Den gamle definition af udtrykket har ingen forestilling om fast mangfoldighed. Den har en mere generel betydning. Hver Gud er Gud - det guddommelige i en eller anden form eller facet. Gudernes titler henviser ikke til forskellige guder, men snarere til forskellige navne for det guddommelige.

En gud er det guddommelige i almindelighed, og der er ingen sand skelnen mellem guder. Fordi hver gud er et altomfattende globalt princip, er hver gud alle guderne.

Som det ene guddommelige i dets mange kræfter og principper flyder guderne ind og ud af hinanden, og hver af dem indeholder det hele. Bag enhver brug af navnet Gud ligger en følelse af det guddommeliges enhed og universalitet, dets uendelige udtryksevne, som hver især repræsenterer helhedens eksistens.

De gamle guder er både én og mange, én i mange og mange i én. De er helhed som en enkelt virkelighed, dualisme og mangfoldighed. De er en helhed, der omfatter en uendelig kreativ variation i sig selv uden konflikt. De er den uendelige enhed, hvorfra intet er udelukket. Monisme, monoteisme og polyteisme eksisterede side om side i de gamle guder i gensidig fred.

De repræsenterer en sandhed om livet og eksistensen, som sindet aldrig kan begrænse, definere eller udtømme, snarere end et begreb om sindet og dets kunstige begrænsninger.

Denne omfattende karakter af guderne ses både i Rig Veda og i det gamle Egypten og bliver nogle gange misfortolket som panteisme eller polyteisme.

De gamle guders mangfoldighed er baseret på en universel kreativ vision, som ser én i alle og alle i én, som forstår enhed i mangfoldighed og mangfoldighed i enhed; integrationen af alle synspunkter og ideer i bevidsthedens flerdimensionelle væsen.

Det er en syntetisk intuitiv sans, der eksisterer uden for erkendelsens dikotomier, snarere end en oprindelig forestillingsevne, der eksisterer under den. Guderne er den biologiske forståelse af det guddommelige i tilstanden af at se, i eksistensens fulde storhed.

De er aftryk af den guddommelige naturs kræfter og principper på det menneskelige sind og den menneskelige tale. De er lynet, der ikke har brug for et system, og som bevæger sig i en spontan, altoplysende udfoldelse. De gamle guders imagistiske natur, hvad enten det er i menneskelig, dyrisk eller naturalistisk form, er heller ikke afgudsdyrkelse.

Selv om guderne har et menneskeligt aspekt, er de ikke antropomorfe. Deres menneskelige aspekt er blandet sammen med forskellige former, billeder og abstrakte fornemmelser. Guderne afspejler det guddommelige i menneskets billede, snarere end det guddommelige i hele skabelsens billede. Deres dyreformer er også blottet for noget oprindeligt eller totemisk. De er numinøse psykiske emblemer for de globale livskræfter. De er mere beslægtet med de franske digteres svane og kunstnernes hest; store æstetiske spirituelle symboler, som f.eks. den kosmiske ko.

Vi vil kun overlejre vores langt mindre følsomme fornemmelse for det enkle liv og den naturlige verden på dem, medmindre vi forstår disse associationer, hvad disse udtryk fremkaldte og konnoterede for de gamle, ikke bare som konkrete billeder, men som lyd- og idéformer (f.eks. koen som den nærende eller næring i almindelighed). De gamle foretrak ofte dyreemblemet frem for menneskesymbolet, fordi det mere præcist skildrer selve værens oprindelige og uerkendelige natur. Det har en stærkere appel til det ubevidste, og seernes mission var at bringe det ubevidste og dets protosprog af symboler til bevidsthed for at forene og forandre vores komplette natur. Den gamle religion var heller ikke, hvad vi ville kalde panteistisk. Essensen betragtes som eksisterende i det guddommelige i den, men guderne siges også at transcendere jorden ved deres egen essens.

Den gamle læres naturbilleder afspejler ikke det guddommelige reduceret til den naturlige verden, men den naturlige verden som et spejl af den indre sandhed - naturen genopstået i Guddommen som en manifestation af dens selvudfoldelse.

Naturens former er metaforer for Guddommen, hvad enten det er ansigter eller masker, men de kan ikke reduceres mere til dem, end en maler kan til sit billede. Dette bringer os til den primære pointe med de vediske guder: Det er svært at definere, hvad de er eller ikke er. De omfatter alt, inklusive sig selv, men kan alligevel ikke reduceres til noget. De har ikke engang et navn. Et navn er bare en metode til at antyde og fremkalde dem; det definerer, begrænser eller forklarer dem ikke. De har alle navne såvel som ingen navne. De er det navngivende koncept, men ikke et objekt, der kan kaldes. Når vi navngiver dem, er det blot en symbolsk gestus for at fremhæve deres grundlæggende personlighed, og det skal aldrig tages bogstaveligt.

Agni, der er kendt som ildens gud, er ikke en ild i traditionel forstand. Han er den transformerende energi, som dybest set er bevidsthedens energi. Han er alt, hvad der kommer ind, sanser, arbejder, producerer, forestiller sig, vil, stræber og stiger op med kraft. Han er en ild i overført betydning, på samme måde som vi taler om geniets ild.

Selv set med en livlig, men usofistikeret fantasi er han som ild, men ikke blot en ild. Agni er solen om dagen, månen om natten, ilden i huset, stjernerne på himlen, vinden i atmosfæren eller lynet i skyerne som princippet for lys og energi i almindelighed. Han er den heroiske mand, den hurtige hingst, den kraftfulde tyr eller den svævende ørn eller hvad som helst, der udviser kraft, styrke og ånd. Med hensyn til vores evner er han ønsket om sandhed, bevidsthed, tilstanden af at se, Selvet, sjælen, intellektet, hørelsen, sang, stemmen og så videre.

Kort sagt er Agni det, der i os udstiller det guddommeliges fundamentale lys og styrke, som er bevidsthed og kreativ eksistens. Og han er alle guderne med hensyn til tid og kvalitet. Så skal vi kalde ham Ildens Gud? Han er kun egnet i en jungiansk, alkymistisk, yogisk, lyrisk, mystisk eller zen-forstand. Han er den bevidsthedsenergi, der brænder opad i en primal spiralmetamorfose fra dybet.

Og alle de andre vediske guder er af samme slags og har forskellige kontaktpunkter. De gamle seere så den naturlige verden som en form for sprog, en manifestation af det guddommelige ord. Alle ting blev set som navne, betegnelser for det guddommelige i dets forskellige kræfter og egenskaber.

En mand, en ko, en hest og solen er alle ikoniske afbildninger af den guddommelige eller kosmiske enhed for dem. Hver skabning er et mikrokosmos, som repræsenterer en sandhed om kosmos via sin måde at være og gøre på samt sin selvdannelse. De fornemmede den kosmiske tilstedeværelse i alle levende ting.

Resultatet er, at den forbløffelse, vi nu oplever over en kvasar, en galakse eller et sort hul, oplevede de med jorden, solen, regnen og en ko, ikke på grund af en mere primitiv fantasi, men på grund af en dybere fornemmelse af alt livs kosmiske eksistens.

Vi har videnskabeligt forklaret mange af naturens mysterier, men har vi virkelig fundet frem til eksistensens sande oprindelse og virkelighed?

Forbliver det ikke et helligt vidunder, som man kun kan kommunikere med, men aldrig definere?

Bortset fra de praktiske fordele (som nogle gange er tvivlsomme) har vores viden vanhelliget det hellige, men hvis den ikke forstås, har den fjernet os fra mysteriet, hvilket betyder, at vi kun må søge det fra en større afstand.

De gamle mødte og gennemlevede dette mysterium. De åbnede sig for dette væsen af forbløffelse, ærbødighed og undren og opdagede, at det var deres egen unikke og evige essens.

De betragtede skabelsen som dens stemme, fuld af mystiske, intuitive, transcenderende lydsymboler. Dette er mantraets oprindelige betydning. Tingene blev ikke set som væsener af de seende. De observerede forbindelser, indbyrdes afhængighed og gensidighed.

For dem var hver skabning et vindue til hele kosmos, en ny måde at værdsætte helheden på. Alle skabninger blev set som toner i en guddommelig symfoni, lyde i en guddommelig poesi, der skulle forstås via deres gensidige harmoni og indbyrdes forbundne bevægelse.

Som sådan var alle ting guddommelige ord og arketyper, der skulle forstås, ikke uafhængigt, men som et fælles stof, strømme i en fælles strøm. De gamle dyrkede koen, tyren, hesten, løven, høgen og mennesket i denne vision, i denne følelse af hellig immanens.

De så dem som åndens mantraer, arketypiske manifestationer af guddommelige egenskaber, kapitler i naturens bog, der afslørede hemmeligheden bag det absolutte, guddommen overalt. Guderne var altså de guddommelige principper, kosmiske nærvær og åndelige arketyper, som de gamle seere så fungere gennem tingenes former.

Deres guder var ikke personificeringer af kræfter, men snarere fantasifulde skildringer af et univers, som de ikke helt kunne forstå. De betragtede snarere naturkræfterne som gudernes arbejde på et ydre niveau eller guddommelige principper fra et indre niveau. Guderne var kosmiske arketyper, der viste sig via naturlige former, idealer, der styrede det virkelige.

Den ydre verden var en repræsentation for guderne, ikke guderne selv, som var symboler for ydre naturkræfter. Det var gudernes forestillinger, der skabte jorden og dens væsener, ikke guderne selv.

Guderne er afkom af det guddommelige menneske, Selvet, men det dødelige væsen og dets sanselige intellekt er langt under dem. Disse guder er prototyperne på det at se, skabninger af lyset fra den bevidste indsats i verdens skjulte centrum. De er de iboende sandhedsprincipper, som alle skabninger opdager via sandhedsopfattelse.

De afsløres mest i seernes mantriske sprog, som viser vibrationerne i det guddommelige ord, som de bevæger sig på, selv om de har fået forskellige navne i forskellige epoker.

For os fremkalder ordet "guderne" først og fremmest en gammel polyteistisk fantasi, men også en fleksibilitet i den åndelige artikulation, der appellerer til os som noget kunstnerisk.

Ordet "Gud" fremkalder billeder af en streng monoteisme, som vi enten finder kvælende for vores kreativitet eller beroligende for vores ønske om tro og overbevisning. Det er et begreb, der ofte begrænser vores tanker, accepterer eller afviser, men ikke motiverer os til at gå videre på tilværelsens kreative rejse.

Det guddommelige var ifølge de gamle lysets og legens væsen, bevidsthedens lys og glædens leg. Det var det magiske væsen i bevidsthedens leg, en befriet skabelse, der vokser ind i den uskabte Guddom, som vores intellekt søgte, det udelte syns tilstand. Vi må fremkalde denne følelse af det guddommelige for at forstå de gamle og vores åndelige oprindelse og potentialer inden for deres arv.

De gamle guder er en del af et sandhedssprog, der forklarer den symbolske, arketypiske og guddommelige essens i al eksistens. Via dem lærer vi at opfatte de åndelige energier og principper, der er på spil i livet, og som materielle former blot er et mindre udtryk for. Det, gudernes billeder og fortællinger virkelig lærer os, er en symbolsk forståelse af virkeligheden - at alle ting er symboler på et ultimativt intellekt, aspekter af dets egen selvåbenbaring.

Derfor er intet symbol eller nogen gud det højeste eller et mål i sig selv. Alle er blot måder at udtrykke det, der er hinsides form og udtryk. Vi forstår eksistensen uden afgudsdyrkelse via denne sans for det symbolske. Vi tilbeder ikke nogen ting. Vi ser ikke materielle objekter som definitive eller virkelige i sig selv. Alle ting æres som symboler på en eksistens hinsides form.

Vi opfatter alt som en forklædning for én uendelig kreativ

virkelighed. Vi lader os ikke længere narre til at tro, at forskellige navne repræsenterer nogen meningsfuld adskillelse i tingene.

Vi ved, at alle navne er manifestationer af en enkelt navnløs enhed, aspekter af et uendeligt kreativt væsen uden grænser. Vi observerer ikke længere bare tingene. Vi fortolker dem som et budskab, en kendsgerning i alt liv, i selve universet. Vi opfatter hver enkelt ting som en manifestation af helheden.

Vi fornemmer guddommelige principper, guder, under den tilsyneladende adskillelse af form, hvorigennem der er en oprindelig enhed. Guderne er blot forenende arketyper, symboler på forandring til enhed, ikke idoler for troen på mangfoldighed. Deres mangfoldighed understreger blot omfanget af denne kreative enhed, som er mere end en fast fornemmelse af enhed, men en oplevelse af enhed via universalitet, via unikhed overalt. Det gamle mantriske sprogs ekstraordinære fleksibilitet og fluiditet, dets ubegrænsede identifikation af hver gud med alle, er at kommunikere denne enorme virkelighed af enhed.

Resultatet er, at alle begreber i sidste ende bliver ækvivalente, og alle guder bliver udelelige. Fordi guderne repræsenterer oplysningens kerneprincipper og arketyper, er deres grundlæggende kendetegn lys. De udtrykker ubetinget kosmisk bevidsthed snarere end arkaisk overtro. De er principperne for et kreativt intellekt og en objektiv bevidsthed, der er blottet for al egoisme og uvidenhed, hinsides al illusion og afgudsdyrkelse og fri for enhver forudindtagethed og fordom. De er de største filosofiske sandheder om direkte bevidsthed om selve Væren. De er de ledende principper for en altomfattende syntetisk viden, hvor det abstrakte og det konkrete, arketypiske og fænomenale, tænkning og handling smelter sammen til en samlet virkelighed og selvbevidst selvbestemmelse.

De gamle seere tilbad ikke overtroens, afgudsdyrkelsens eller dualismens guder. De befandt sig ikke under en monoteistisk religion, men over den, i en religion med kreativ monisme, hvor enhed og mangfoldighed afbalanceres af en følelse af det guddommelige i alt som alle skabningers Selv. En sådan kreativ forståelse af det guddommelige kræver en omdannelse af vores bevidsthed via sandhedsbevidsthedens flammer.

Kernen i de vediske guder er denne forestilling om det guddommelige som kreativ frihed. Det repræsenterer åndelig frigørelse, som er den egentlige frihed, vi alle ønsker. Det er den frigørelse, der kommer gennem selverkendelse og underkastelse under det guddommelige, snarere end egoistisk succes, som fører til trældom og lidelse. Principperne for det ægte og evige liv blev forvandlet til de gamle guder. Det er i dette lys, at de blev vist os i dag i denne bog, så vi kan finde den dybere sandhed om, hvem vi er.

Den gamle mangfoldighed af guder i alle former - levende og livløse, konkrete og abstrakte, menneskelige og ikke-menneskelige - var blot et redskab til at lære, at alt er guddommeligt, at alt liv er helligt, og at hver eneste flise er en helligdom for den hellighed, den renhed i bevidstheden, som er selve Væren, alle skabningers Selv.

Det var meningen, at de gamle guder skulle lære os denne følelse af det guddommeliges universalitet, ikke nogen sekterisk ideologi, tilbedelse eller overtro. Denne universalitet overskrider monoteismen og dens opdeling af skaberen og skabelsen til ren monisme, Guddommens enhed overalt, som er højdepunktet på den gamle lysets vej.

DE RIG-VEDISKE GUDINDER

De gamle guder er ikke kun antropomorfe skabninger, guder og gudinder, der er modelleret efter mænd og kvinder. De gamle guder er manifestationer af den kosmiske maskuline kraft, som den menneskelige mand blot er en del af.

De gamle gudinder er manifestationer af den universelle feminine kraft, som den menneskelige kvinde blot er en del af. Antikkens mennesker reflekterede ikke blot deres interaktion mellem mænd og kvinder over gudernes og gudindernes. De forsøgte i stedet at organisere samfundet langs organiske og spirituelle linjer, hvor mænd legemliggjorde den kosmiske maskuline energi, og kvinder legemliggjorde den kosmiske feminine kraft.

De ønskede, at menneskets seksuelle forbindelser skulle afspejle forbindelsen mellem guderne og gudinderne, de kosmiske arketyper, der arbejder i dybet af vores sind. De forstod vigtigheden af både kosmiske mandlige og feminine energier samt nødvendigheden af en sund balance i samfundet og i den enkelte person.

Denne balance blev dog ikke set som en simpel ækvivalens. Det var en grundlæggende komplementaritet mellem himmel og jord, bjerg og dal, ild og vand.

De vediske guder og gudinder er repræsenteret af talrige former og begreber, som går langt ud over vores forståelse af mandlige og kvindelige mennesker.

Naturfænomener, redskaber og instrumenter til menneskeligt arbejde, komponenter til tilbedelse og mange abstrakte begreber er eksempler på deres former. Generelt er ethvert feminint ord en manifestation af gudinden, og enhver mandlig sætning er en manifestation af guden, uanset om det er et dyr, et våben, et lysvæsen eller et koncept.

I virkeligheden er ingen af de vediske guder eller gudinder overvejende mandlige eller kvindelige. De har alle en antropomorf komponent i deres symbolik, selv om den er sekundær i forhold til andre træk. Den store gudinde er mere en morgen end en dame, og det metaforiske daggry for ambitioner snarere end den virkelige morgen.

Mere end en mand er den primære Gud Solen, og Solen for det solare Selv, den oplyste bevidsthed, snarere end Solen for den naturlige verden. Fordi det engelske sprog, i modsætning til sanskrit, mangler ordendelser, der angiver maskulinum og femininum, bliver de fleste rig-vediske gude- og gudindenavne neutraliseret i oversættelsen. Dette forværres af, at de fleste oversættere ikke kan se, at kasus ikke var en ekstra vane, men snarere en integreret metode til at skelne mellem de to kosmiske kræfter og deres egenskaber.

Som følge heraf er gudindernes rolle i salmerne blevet tilsløret og begrænset. Sangen er gudinden selv. Hun er vores sjæl, og hun alene har evnen til at påkalde guderne. Udtrykket er hun, og betydningen eller sangen er Gud.

Derfor er gudinden konstant til stede og bliver tilbedt i

hymnerne. Hun er selve tilbedelsen, sangen og dens rytmer. Men af samme grund bliver gudinderne sjældent påkaldt individuelt. Fordi sangene primært er dedikeret til guder, mener mange akademikere, at gudinden ikke havde nogen rolle i den vediske religion, og som følge heraf blev kvinder betragtet med lav anseelse i samfundet.

Men i disse hymner til guderne finder vi ofte flere former for gudinden og utallige feminine navne, som har en lige så stor betydning og et lige så indviklet forhold som udtrykkene for guderne.

En sang, der kun er dedikeret til en gud, kan have flere sådanne feminine forbindelser, som guden blandes med, måske forbindes med eller underordnes. I Vedaerne er nogle af de mest abstrakte udtryk for Guddommen af det feminine køn, og selv de mest mandlige guder kan kaldes ved hjælp af feminine attributter og symboler. Seerne forbinder ofte deres åndelige job med en kvindes; mor, søster, hustru eller Guds elskerinde.

Hvis vi fører disse betydningsfulde feminine substantiver, som nævnt i ordlisten, tilbage til deres betydning som gudinden, vil vi finde gudinden lige så vigtig i Rig Veda som på ethvert andet tidspunkt i Indiens historie.

For de gamle var alt liv en manifestation af to energier, den kosmiske maskuline og feminine, som også kan oversættes som den elektriske og magnetiske, og som manifesterede sig på mange forskellige niveauer. Deres hensigt med at etablere disse to kræfter var ikke at koncentrere os om en oprindelig og uløselig dualisme.

Som et mellemstadie til deres opløsning i enhed reducerede de alt til to komplementære kræfter som åndedræt og udånding. De gamles fokus på de to kræfter var ikke en fiksering på seksualitet, men snarere funktionen af en organisk intelligens, der ved at opfatte den komplementære karakter af alle dualiteter fører os til en følelse af enhed, hvor sindet udvider sig til Guddommen.

De betragtede alt i naturen som udtryk for to komplementære kræfter, der danner en oprindelig og ubrydelig enhed. Deres sprog og dets videnskab med at tildele maskuline og feminine pronominer til alle mulige sætninger er en måde at indgyde os en følelse af komplementaritet, som fører til enhed. Resultatet er, at de to energier til sidst forenes, sammensmeltes, sammenflettes eller smelter sammen til neutrum, guddommen hinsides dualitet. Det er derfor, der ikke er nogen klar skelnen mellem de to, og hvorfor de danner en enkelt livsenergi i hele dens længde, såsom indånding og udånding.

Men den absolutte guddom er ikke et neutralt udtryk. Den kan også opfattes og tiltales som den højeste Gud eller Gudinde, eller begge i deres kombination. Det er essensen af alle skabninger, essensen af det mandlige, mandens mandighed, og essensen af det kvindelige, selve hendes kvindelighed. Der er kun én essens, som adskiller alt. På samme måde repræsenterer det maskuline og feminine en realitet om Guddommen, visse egenskaber i den.

Det guddommelige har en maskulin kvalitet som væren eller vilje (Sat) og en feminin kvalitet som bevidsthed eller kraft (Chit-shakli). Det er det Absolutes dobbelte, altomfattende essens; en komplementaritet inden for enheden, som er den naturlige manifestation af denne enhed.

Gudinderne optræder ofte i gamle sange. De repræsenterer egenskaber, der er komplementære til dem, som guderne repræsenterer, og alt, hvad der nævnes om guderne, gælder også for gudinderne, hvad de symboliserer, og hvordan de portrætteres.

Gudinderne er de kræfter, hvorigennem guderne kommer til syne og påkaldes. Hymnerne stræber efter den mest generelle forestilling om universalitet, som den kreative mangfoldighed af guder og gudinder antyder. Guderne og gudinderne passerer gennem hinanden i hymnerne, og den ene bliver til den anden. Sangene underviser i denne enhed eller universalitet, ikke i en bestemt guds eller gudindes overlegenhed. De underviser i en endeløs kreativ virkeligheds forrang, ikke i nogen form eller attributs ultimativitet.

MANTRAERNES SPROG

Mantra er den oprindelige form for alt sprog, som alle andre stammer fra. For at sige det enkelt er mantrisk sprog et sprog, hvor lyd og betydning falder sammen. Det ligner poesi, idet ordenes lyd afspejler deres betydning og gør det lettere at manifestere den* Mere end det, det er en lydvidenskab, hvor betydningen og kraften i alle lyde læres og udvikles i retning af sammensmeltning med det guddommelige ord.

For det intuitive sinds biologiske logik er ord mere end bare tilfældige betegnelser for forskellige ting, hvor lyd og betydning kun hænger sammen via skik og brug. Lyden formidler snarere betydningen, bliver en del af den og adskiller sig ikke fra den genstand, den identificerer.

Sådanne navne er mere end blot ord, der tilslører tingenes essens eller eksistens med det udefrakommende sinds hukommelsesassociationer. De er ikke navne i traditionel forstand. De er den centrale lydforestilling, der ligger til grund for genstanden, og som fremkalder dens eksistens og bliver det middel, hvorigennem dens essens kommer frem og forstås. Det er de mantriske navne på ting, der dukker op i sindet under meditation som et tegn på, at objektets eksistens er trængt ind i sindets struktur.

Sådanne mantriske navne kan ikke eksistere, når vi sætter etiketter og titler på ting, når vi pålægger dem vores vilkårlige værdier, vurderinger og beslutninger. De repræsenterer, hvordan vi bruger tingene, snarere end hvad de er i sig selv. Når vi åbner vores tanker for tingenes eksistens i en valgfri observation, opstår mantriske navne naturligt. De er sindets vibrationer, der kombineres med objektets væsen i en forening af perception.

På den måde tjener de til både at fremkalde og legemliggøre denne tilstand. Mantriske navne vækker essensen eller arketypen bag tingen i os og fungerer som en katalysator, der gør det muligt for den at komme ud i sin åndelige betydning via sit psykiske link i eksistensen.

At navngive er i mantrisk forstand at kende en tings natur, at forstå dens essens. Sådanne mantriske navne er ikke resultatet af tilfældig kulturel brug. De er selve det guddommelige ords vibrationer, som afspejler de arketypiske vibrationer, der ligger under alle perceptuelle ting. Dette er ikke en religiøs idé, men snarere det kosmiske intellekts vibrerende energi, som gennemsyrer alt. Sådanne ord er metoder til at nå Guds tale, som ikke er en antropomorf guddoms tale, men den kreative vibration i tilværelsens centrum, hvor alt liv er en forenet bevægelse. Mantrisk sprog er manifestationen af Guds ord, som ikke er en række moralistiske love, men de kosmiske principper i alle ting, hvorigennem deres unikke karakter forstås.

Dette guddommelige ord er livets ord, som de biologiske regler for skabelsen er baseret på. Det er det ord, der tillader tingene at være, og som tillader tingenes essens at træde frem via modtagelighed. Det er essensens ordlov, som hele naturen er en udstrømning af, og det onde er kun et forsøg på egoistisk at kontrollere dets strømning.

Det er et kosmisk sprog, der forbinder os med den kosmiske kreative frekvens, som vi er afkoblet fra på grund af inertien i vores dyriske og samfundsmæssige opdragelse. Det er kun gennem dette sprog, at vi kan forstå livet og dets flydende harmonier, at vi kvalitativt kan uddrage tingenes essens, mens vores nuværende stive sprog skygger for livet i kunstige begreber og kvantitative værdier, der reducerer alle ting til en eller anden manipulerende eller materiel værdi, der fornægter deres sjæl eller tidløse betydning.

En åbenbaring eller et skriftsted er et mantrisk sprog som dette. Det er nævnt i alle verdens store tekster. Det er et flerdimensionelt intuitivt sprog, der omfatter symboler, myter, legender, ritualer, alkymi, yoga, filosofi og religion samt alle indre og ydre metoder til at opnå viden.

Alt bliver arketypisk og har en kosmisk betydning i sig, der afspejler det globale, tidløse og grænseløse. Mantra er sjælens sprog, hvor vi ser alt liv som kosmisk og hvert objekt som en unik åbenbaring af det hele. Det er sandhedsbevidsthedens sprog, der viser alle tings vibrationsstruktur inden for det forenede bevidsthedsfelt og afslører deres evige natur.

Mantra er grundlaget for enhver religion, ethvert sprog og enhver kultur, da det er den eneste måde at udtrykke de evige regler, der gør det muligt for noget som helst at bestå eller have ægte orden og harmoni. Kun via et sådant mantrisk sprog kan menneskeheden opleve ægte forandring, da det bærer den opadgående kreative energi, der forårsager alle forandringer.

Al ægte kreativitet, tænkning og opfattelse er påvirket af dette mantriske sprog, hvis mest originale, brede og oprindelige udtryk for menneskeheden opstod hos de gamle seere i Himalaya, som fødte den menneskelige civilisation i begyndelsen.

For at forstå Rig Veda eller enhver anden gammel lære eller tekst er det nødvendigt med en følelse af mantra, en ny tilgang til sproget, der ser alt som en påkaldelse af det kosmiske væsen. Sådanne sætninger bliver en metode til at forene os selv og vores omgivelser med vores ægte natur. Deres betydninger er ikke vilkårligt begrænsede, men strækker sig snarere kreativt mod universel forståelse.

Et sprog som dette har kun ét ord: det kosmiske ord for sandhed og harmoni. Det formidler simpelthen ét budskab: at alt er guddommeligt, at alt er en manifestation af det guddommelige ord.

Den formidler ikke noget praktisk budskab til sindet, og den har heller ikke nogen social, politisk eller intellektuel betydning eller forudindtagethed. Dens mål er at opløse alle mentale barrierer og forene sindet i den kosmiske intelligens' enhed - at opløse alle vores begrænsende konstruktioner og opløse sindet i det direkte vidnesbyrd om ubetinget eksistens.

Mantrisk sprog udvikler sig spontant fra en række forskellige oprindelser, som fungerer som dets primære mantraer. Senere tantrisk litteratur omtalte dem som henholdsvis "frø-stavelser" eller "bija-mantraer".

Derfor kan mantrisk sprog altid forstås ud fra dets primære rodbetydninger. Det er altid etymologisk dechifrerbart. Disse rødder har ikke faste betydninger. De er betydningsstrømme, der forbinder. De repræsenterer en måde at være på, som optræder på alle niveauer, en energikvalitet, et spektrum eller et vibrationsområde af betydning, som har en tydelig funktion, men ikke en enkelt indikator. De svarer til primtal, hvorfra der kan udledes komplicerede ligninger, som dog altid kan løses. Sådanne underliggende lyde kan aldrig udtrykkes eller karakteriseres fuldt ud med ord.

For eksempel er der roden "Vas", som har tre forskellige betydninger. I den første betydning betyder det "at skinne", som i den opgående sols lysstyrke. I den anden betydning betyder det "at være", som i "at forblive" (det engelske "was" er en afledning). I den tredje betydning betyder det "at tage på", som i "at tage noget på". Ikke desto mindre ser vi, at alle disse betydninger er forbundet med begrebet om det, der er gennemgribende eller altomfattende.

Lys er det, der gennemsyrer, fylder og udtrykker væren. Det inkluderer, definerer, investerer i og klæder os også. Som følge heraf kombineres lys, eksistens og investering til et enkelt, mere oprindeligt koncept.

Som sådan indebærer "Vas" hele oplysningen af eksistensen i sin dybeste betydning og det guddommelige selv (Vasudeva) i sin bredeste betydning. Disse mantriske rodbetydninger er ikke beregnet til at give os en præcis, strengt defineret terminologi med eksklusive betydninger, som vores moderne analytiske, intellektuelle sprog gør.

De har til formål at indgyde os en følelse af den universelle betydning i den primære værdi, som er selve væren og det guddommelige.

De er instrumenterne i en syntetisk og organisk erkendelse, der skal bringe os til enhed. Sådanne rødder findes stadig på engelsk, selv om de er mere udbredte og mindre omhyggeligt produceret.

Der er sanskritroden "Stha", som betyder at stå, være, være til stede, udholde, stoppe eller være stille, samt det, der står, er hårdt eller solidt og så videre. Denne rod udtales "st" på engelsk og har en lignende betydning: at stå, være stabil, standse, være stille eller forblive. Vi har hårde eller robuste ting som sten eller stål; ting, der står som en pind, en stav, en stilk eller en støvdrager. Vi har en stald eller et stadion som et sted, hvor vi bor eller opholder os. Den næste fase er at tage et standpunkt, skabe et standpunkt eller flytte fra et standpunkt til et andet. Stærke eller robuste udtryk er tæt forbundet, ligesom stærke eller maskuline dyr som stude, hingste eller hjorte. Negativt har vi stagnerende eller forældet eller lignende udtryk som stiv eller klæbrig eller endda stinkende, at være steril er at være stationær, ude af stand til konstruktiv forandring, at stirre er at standse sit syn og fiksere det på noget.

En stoiker er en filosof, der kan modstå eller udholde alle livets genvordigheder. Vi kan forstå stort set alle vores "st"-ord ved at bruge sammenlignelige udvidelser og ændringer baseret på de vokaler og konsonanter, der er føjet til "st"-roden. Vi kan bruge det til at forstå mange flere ord, der indeholder en afgørende "st"-lyd, når de kombineres med præpositioner eller midt i ord, som f.eks. etablere, eksistere, ekstase, installere og system.

Som følge heraf kan vi se, at sproget udvikler sig organisk snarere end vilkårligt baseret på rod-lyd-betydninger. Den kunstige brug og vækst af vores sprog har skjult dette, men det kan ikke slettes, for uden det er intet autentisk sprog, poesi eller skrift tænkeligt.

På samme måde formede de gamle seere deres sprog. De forblev opmærksomme på disse brede forbindelser mellem lyd, symbol og idé med gentagne ordspil. En normal salme kan indeholde hundredvis af sådanne forbindelser. De er ikke mulige i vores sprog, og vi kan ikke forestille os, at de kan tænkes i vores mere præcise betydningssans.

Derfor overser de fleste oversættere dem helt. Det gamle sprog er meget mere komplekst end vores. Dets implikationer er langt mere æteriske, nuancerede og subtile og kombinerer abstrakte og konkrete, åndelige og materielle sanser. Det ligner et flerdimensionelt gestaltmønster, som kan fortolkes på flere niveauer. Vi kan skifte niveau og fremkalde et helt nyt lag af betydninger ved at skifte synsvinkel.

Ved at forstå dens symbolik åbner vi op for en helt ny sfære af viden; for eksempel nu i form af myter, nu i form af alkymi eller yoga, nu i form af astrologi, gammel historie eller de dybeste spirituelle sandheder.

Rig Veda er et musikalsk mantrisk system, hvor vi kan spille på essensen af al viden, ligesom glasperlespillet i Hetman Hesses bog Magister Ludi. Men i modsætning til glasperlespillets intellektuelle sterilitet har det en intuitiv opfindsomhed, der åbner os for den kosmiske intelligens og det ubetingede syn.

De fleste af os er ikke klar over den dybde og mangfoldighed af betydninger, der kan udledes af disse mantraer. De omfatter universelle paralleller, der forstår alle former for og grader af viden - det guddommelige ords skabende kraft og utallige lag.

De gamle opfattede ærefrygt, fortryllelse, mystik og forundring i dem og gennem dem, som kun fjerne kvasarer kan fremkalde i vores mere betingede intellektualitet. Alle ord i det vediske sprog opløser sig selv i enhed via disse primære rødder, ikke ved åbenlyse filosofiske påstande, men gennem den spontane sammensmeltning af deres betydninger til det guddommelige.

De gamle seere brugte intuitivt sprog til at eksponere dybderne af vores væsen for virkelighedens enhed. Den hemmelige visdom er skjult i selve ordenes og bogstavernes lyde.

Vedaernes indviklede symboler, metaforer og endda gåder afspejler denne forestilling om én i alle og alle i én. Mantraets betydning er enhed, hvor alle ord opløses i det stille sinds guddommelige ord, et sind, der vibrerer i samklang med alt liv. For at forstå de gamle og vores civilisations åndelige grundlag må vi huske den mantriske form og betydning af deres sprog.

TROVÆRDIGE OVERSÆTTELSER AF GAMMEL SANSKRIT

Denne oversættelse adskiller sig markant fra de fleste vediske oversættelser, især dem, der er lavet af professorer eller intellektuelle uden åndelig baggrund eller forståelse for mantra. Sproget tages her i en indre, spirituel og abstrakt betydning, mens de fleste andre oversættere stræber efter den mest konkrete, bogstavelige betydning, selv om den nogle gange er uforståelig.

Dette er ikke en bogstavelig oversættelse. Men selve det gamle sprog, som består af mantriske lyd-symbol-arketyper, er aldrig bogstaveligt. Bogstavelig oversættelse er ofte umulig, og sprogets fleksibilitet tvinger alle oversættere til at ændre deres oversættelser af det samme koncept, selv inden for den samme sang.

Vediske termer er bredere i deres betydning end moderne engelsk. De har en lang række abstrakte og konkrete betydninger. Den indre, mere abstrakte følelse får her en fremtrædende plads og betydning.

Det giver ofte god mening, er etymologisk sammenhængende og viser adskillige ordspil i salmerne, som ellers ville være uforståelige. "Vrka" synes for eksempel at henvise til en ulv. Etymologisk set betyder det "det, der river", afledt af ordet "vrasch", som betyder "at rive".

Men i en tekst henviser det helt klart til en "plov". Vores term ulv kunne umuligt referere til en plov. Fordi den generiske etymologiske konnotation stadig var fremherskende, kunne det vediske ord måske.

Det gamle sprog har i denne forstand af kernebetydninger en mere abstrakt betydning og er kun symbolsk eller overfladisk håndgribeligt. Vrka er "en river", som i en ulv, men også i alt, hvad der river, såsom en ond mand eller guderne som mørkets ødelæggere.

At tage alle disse navneord bogstaveligt og konkret - ulv, ko, hest osv. - gør uret mod sproget og får det til at virke primitivt, når det i virkeligheden er det organiske sprog for et højere intuitivt intellekt.

Et andet eksempel er udtrykket "Prthivi", som betyder "jorden" og stort set altid gengives som sådan. Det indebærer det, der er stort eller bredt i etymologien.

Men den eneste hymne til Prthivi er til atmosfærens kraft, da den abstrakte fornemmelse af storhed triumferer over den specifikke betydning.

Eksemplet med den legendariske vediske ko "Gau" skiller sig ud. Intet kommer i nærheden af dens brede betydning. Gau er en ko i symbolik. Generelt er det alt, hvad der stammer fra en ko, er skabt af en ko eller er ko-agtigt på en eller anden måde. Koen, som var de gamles primære rigdom, repræsenterede velstand, ernæring og værdi i almindelighed. Alligevel er dette kun begyndelsen. Det refererer til en lysstråle; strålerne er solens husdyr, dens rigdom og opretholdende energi.

Som sådan betegner det mere generelt lys (hvilket normalt er den bedste ækvivalent). For de seende var lys også bevidsthed. Koen repræsenterede det modtagelige sind, den tamme eller føjelige sjæl (ligesom den vediske hyrde var som den gode hyrde i Bibelen), eller viden, der fodrer og reproducerer sig selv som kvæg. De dyr, som seerne malker, er deres sandhedsopfattelser, sætninger eller mantraer. Koen er sjælen, opfattelsesenheden, hvis domæne er sanserne. Koen repræsenterer det guddommelige ord - visdom - i sjælens kerne, som skænker alle goder.

Som sådan repræsenterer koen gudinden, som både er indre vidende og ydre himlen, hvor den plettede ko repræsenterer nattehimlen med dens stjerner. Eller, i maskulinum, kan koen være et generisk udtryk for guderne som kræfter af lys og viden. Solen og dens mange stråler repræsenteres af den flerfarvede ko.

En anden oprindelse er "Ga", som betyder "at synge". Koen er ligesom sjælen sangeren. Den er dog kun en tone i sangen. Koen refererer i sin mest præcise definition til en arketype, et ord, en lyd eller et tal, den grundlæggende enhed. Det er viden, der måler alt, og som øges og spredes naturligt. Dette begreb omfatter alle ordets tidligere betydninger. Koen er virkelighedens grundlæggende arketypiske emblem, der repræsenterer bevidsthedens velgørenhed.

Så hvordan kan vi konvertere Gau til ko? Det nedgør og krænker begrebets egentlige betydning, samtidig med at det ignorerer forskellige dybere konnotationer og etymologiske ordspil.

Alle oversættere er forpligtet til at oversætte Gau som ko, mælk, læder, en solstråle, himlen, jorden, en sætning eller en sang.

Hvorfor skal vi kun acceptere en lang række konkrete betydninger, når abstrakte konnotationer er lige så gyldige og relevante?

Dette mønster gælder for al vedisk terminologi. Der er udtrykket "Pasu", som kommer fra roden "Pas", som betyder at fastgøre eller binde. Kvæg afbildes ofte som værende bundet eller indespærret i en stald. Men der er også roden "Pas", som betyder "at se". Det er ikke to forskellige rødder. At opfatte er at blive fikseret i form; at gennembore, gennemtrænge og besidde. De seendes husdyr er deres opfattelser.

Hymnerne udnytter denne dobbelte betydning af roden: "Dit er alt, hvad der kan ses (pasavyam, eller relateret til kvæg), som du ser (pasyasi) med solens øje" (VH.98.6). Vi kan næppe tro, at sådanne abstrakte konnotationer ikke var tilsigtet, eftersom Solen også er Selvet, den ensomme Seer.

Opfattelse er mere præcis end husdyr, som blot er en metafor, når det gælder om at formidle tekstens indre eller åndelige betydning. Det er også lige så bogstaveligt og understøttes etymologisk.

Et andet eksempel er "Ghrta", som bogstaveligt talt betyder "det, der er opvarmet eller klaret" og henviser til klaret smør. Men i sin anvendelse fylder det himmel og jord, drypper fra guderne og så videre. Ghrta betyder klarhed på hindi, bevidsthedens klarhed forvandlet af fokusets ild. Denne betydning er både i overensstemmelse med de kosmiske konnotationer og etymologisk korrekt.

At kalde det bare klaret smør svarer til at kalde Mælkevejen (vores navn for galaksen, et ord, der også findes i Rig Veda) for en strøm af mælk i stedet for en galakse. Der er en tilbagevendende anmodning om køer og heste (hvis vi insisterer på en rent fysisk forståelse af disse ord) og andre former for ydre velstand i de gamle læresætninger. Det giver mening i betragtning af vores opfattelse af de gamle som vilde mennesker. Vi forestiller os, at de beder deres naturlige guder om de former, de har brug for til at leve enkle liv.

Men det yder ikke disse begrebers betydning retfærdighed. De kan henvise til rigdom eller velstand i almindelighed eller til mål for overflod i særdeleshed. Man overser også, at den vediske ko ofte forbindes med lys, og at den vediske hest typisk forbindes med solen.

Den kosmiske ko og den kosmiske hest, som udgør åndelig visdom og energi, søges i mystisk forstand. I virkeligheden havde de gamle ingen substantiver, ingen ord, der kun betegnede en enkelt genstand, såsom en ko og kun en ko, eller en mand og kun en mand. Deres ord bevarer en grundlæggende adjektivisk karakter, som kan forbindes med en række forskellige ting, såsom Vrka, ulv og plov.

Dette kan ses i visse tidligere sprog, som stadig eksisterer i dag, f.eks. hos amerikanske indianere som hopierne, som også i høj grad har adjektivisk karakter. Vrka kan på den anden side ikke oversættes som en teer. Det ville ikke give nogen mening for os.

Det, der kræves, er at inkludere både de abstrakte og konkrete betydninger af vediske sætninger og forbinde dem med den åndelige betydning og retning af en tekst. Det er blevet gjort med overholdelse af etymologiske betydninger såvel som grammatik og fraseologi i det omfang, engelsk tillader det. Oversættelsen er udelukkende baseret på den originale sanskrit-tekst i Rig Veda og ikke på nogen anden oversættelse.

Den har mere til fælles med moderne spirituelle oversættelser af Rig Veda-hymner fra Indien, såsom Dayananda Sarasvatis eller Sri Aurobindos, end med nogen vestlige gengivelser.

Enhver, der kender tekstens sanskrit, vil genkende sprogets mangfoldighed, dets enorme og efter vores mening ofte mærkelige analogier, de mange fortolkninger af enkelte ord og det tilsyneladende store antal synonymer.

Der er ikke noget endeligt eller officielt ved en vedisk oversættelse, og oversættere justerer eller negligerer ofte grammatiske og etymologiske betydninger af sætninger for at nå frem til deres mere oprindelige fortolkning af teksten. I den samme sang eller i forskellige hymner gengiver de den samme sætning på forskellige måder.

Ikke desto mindre betegnes visse dele som håbløst eller bevidst uigennemsigtige. For at opnå deres mere bogstavelige, oprindelige og konkrete betydninger må de udøve den samme frihed med sproget, som der gøres her - blot er deres frihed negativ og begrænser betydningen af hymner, som andre steder udvikler sig til kosmiske dimensioner. Det er muligt at demonstrere de betydninger, der kommer frem her, ord for ord, i henhold til grammatik og etymologi, men det tager for meget plads og er ikke af interesse for den gennemsnitlige læser.

Hovedstrategien er at gå til rodens etymologiske betydning i både dens abstrakte og konkrete betydning og give komponenter af begge til en integreret forståelse, hvor den mere indre, abstrakte betydning dominerer over den ydre, konkrete konnotation. Hvert udtryk eller mantriske ord afspejler en arketypisk strøm af lyd-symbol-betydning, som vi kun kan identificere strømmen af.

At fastlægge ordenes betydning vilkårligt på vores eget sprog er at se bort fra og krænke selve den gamle sprogbrug, som var drastisk forskellig fra vores egen. Det er ikke tilstrækkeligt blot at oversætte deres begreber til vores, da deres sproggrundlag og sprogbrug var af en helt anden orden.

En del af denne baggrund skal også oversættes, for at hele strømmen af forbindelser kan forstås. Det forklarer mangfoldigheden og kompleksiteten i nogle af oversættelserne, hvilket er nødvendigt i betragtning af de gamle sprogs dybt forskellige natur.

Det er ikke kun et spørgsmål om at finde lignende terminologi på engelsk, som er sjælden, men om at vise et helt nyt, mere spirituelt, mantrisk sprog - som engelsk skal strækkes betydeligt for overhovedet at forstå.

Det er ikke bare et spørgsmål om at oversætte fra et moderne sprog til et andet, som f.eks. fransk poesi til engelsk, hvilket kan være en udfordring i sig selv. Det er oversættelsen af et tankesæt til et andet, af en verdensalder til en anden, af et kreativt og intuitivt sprog med åbne betydninger til et stift og cerebralt sprog med lukkede betydninger. Disse to sprog og mentaliteter kolliderer ikke bare.

51 mantraer er uforståelige på moderne engelsk. Engelsk skal udvides til at omfatte dem*, og det er det, denne artikel forsøger.

Hvor det har været muligt, er den vediske fraseologi bevaret, hvilket giver en vis unik sætningsstruktur og grammatik.

Ved første øjekast ser det gamle sprog rudimentært ud med sine gentagne hentydninger til køer og heste og anmodninger om mad og velstand. Men når vi bliver mere fortrolige med det, ser vi en rigdom af dybere forbindelser, der dannes, forskellige betydninger af ord, der understøttes af mange ordspil i selve salmerne.

Disse terminologier bliver brugt med abstrakte og kosmiske overtoner, som vi aldrig ville identificere os med.

Endelig kommer vi til et øjeblik, hvor det gamle sprog breder sine vinger ud for os, og vi opdager en uendelig dybde af betydning, enorme etymologiske forbindelser, der bevæger sig på mange niveauer.

Herefter opdager vi, at det engelske sprog er et fattigere, mere stift og mindre udtryksfuldt sprog. Det kan sammenlignes med forskellen mellem økologisk mad fra haven og hurtig mad fra en fastfood-restaurant. Vi kan se, hvorfor det gamle sprog blev kaldt mantra og blev anset for at være gudernes sprog.

About the Author

Kiran Atma er født som hindu og har været praktiserende hedning og heks, siden han kom i puberteten. Kiran fortsætter med at undersøge, studere og analysere den historie og nutidige praksis, der er forbundet med hans tro og håndværk, som det ses over hele verden, mens han deler det samme med det bredere samfund. Kirans arbejde håber at kunne hjælpe dig med at udvide din bevidsthed og uddybe din forståelse af disse rige områder af viden, spiritualitet og kulturel mangfoldighed, som han har fundet så fascinerende.

Read more at https://www.kiranatma.com/.

www.ingramcontent.com/pod-product-compliance
Lightning Source LLC
Chambersburg PA
CBHW052227150726
48002CB00003B/1310